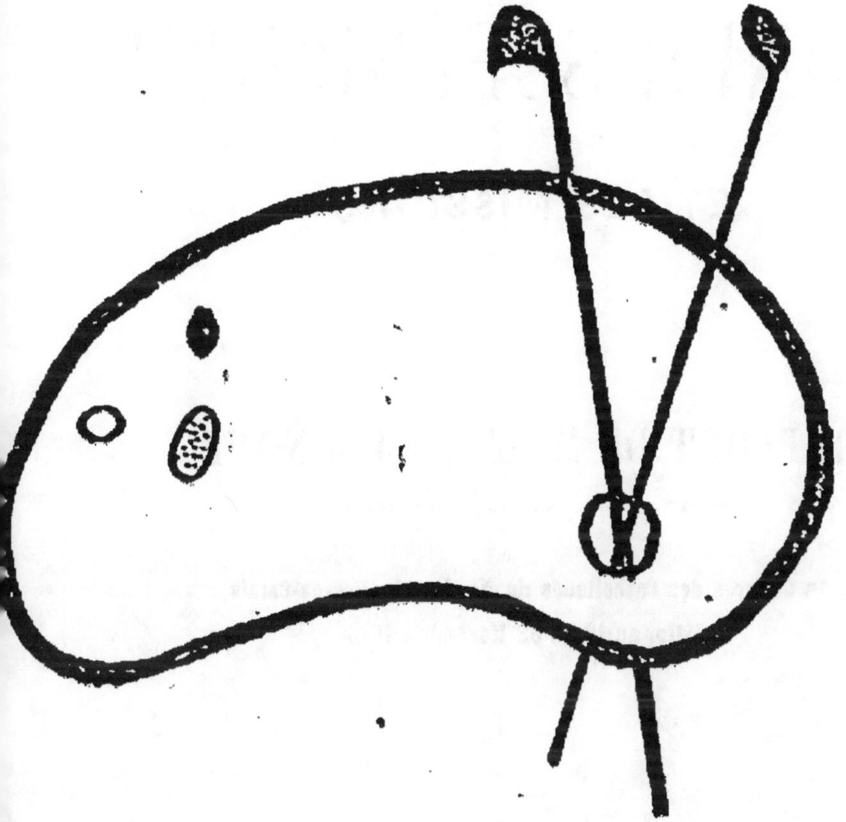

DEBUT D'UNE SERIE DE DOCUMENTS
EN COULEUR

LA
GUINÉE SUPÉRIEURE

ET SES MISSIONS

RAPPORT DE M. L'ABBÉ PLANQUE

SUPÉRIEUR DES MISSIONS AFRICAINES

Au Congrès des Catholiques du Nord et du Pas-de-Calais,
à Lille, du 17 au 22 Novembre 1885.

LYON

IMPRIMERIE PITRAT AINÉ

4, RUE GENTIL

1886

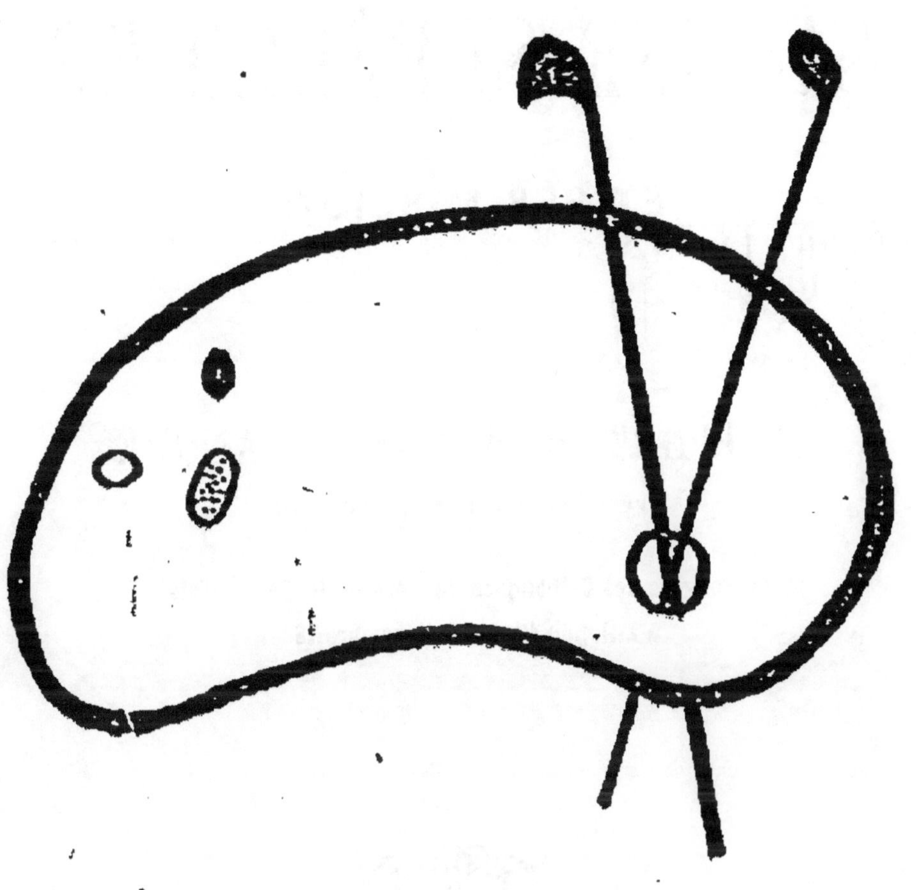

FIN D'UNE SERIE DE DOCUMENTS
EN COULEUR

LA
GUINÉE SUPÉRIEURE

ET SES MISSIONS

RAPPORT DE M. L'ABBÉ PLANQUE

SUPÉRIEUR DES MISSIONS AFRICAINES

Au Congrès des Catholiques du Nord et du Pas-de-Calais,
à Lille, du 17 au 22 Novembre 1885.

LYON
IMPRIMERIE PITRAT AINÉ
4, RUE GENTIL

1886

LA

GUINÉE SUPÉRIEURE

ET SES MISSIONS

Vers l'intérieur du noir Continent.

En 1856, quand Mgr de Marion Brésillac instituait le séminaire des Missions Africaines à Lyon, l'Afrique passait pour un pays presque tout entier couvert d'immenses déserts, uniquement peuplés de lions, de serpents et de monstres. De hardis explorateurs en avaient bien parcouru les parties les plus importantes et avaient parlé des populations nombreuses de la Guinée et du Soudan; mais leurs récits n'avaient point changé les idées répandues.

Vers la fin de l'année 1875, le lieutenant V.-L. Caméron publia qu'il venait de traverser l'Afrique de l'orient à l'occident, que les contrées qu'il avait parcourues forment un pays splendide et plein d'incomparables richesses. Il s'éleva alors de toutes parts comme un cri d'enthousiasme. Tous les yeux se portèrent vers la côte orientale de l'Afrique, pour y trouver la route vers l'intérieur de ces parages si longtemps inconnus. Stanley reprit le voyage de Caméron à la découverte du Congo et, par une hardiesse couronnée de succès, en suivit le cours entier et le descendit à travers tous les dangers réunis.

Le roi des Belges organisa une vaste association internationale pour explorer ce monde nouveau et lui porter la civilisation par le commerce. Des hommes intrépides acceptèrent la tâche de fonder, vers les grands lacs, des stations commerciales et hospitalières qui seraient le point de départ d'un vaste réseau devant couvrir toutes ces contrées. Les premières difficultés n'effrayèrent ni l'Association internationale, ni les hardis pionniers qu'elle avait envoyés. Le pays est peuplé de tribus hostiles : on ne peut le traverser qu'en engageant une armée de porteurs pour les bagages et les marchandises, et une armée de défenseurs contre les dangers du pillage et de l'assassinat. Un voyage coûtait 30.000 francs par homme, au témoignage du cardinal Lavigerie, parlant des frais nécessaires pour chaque missionnaire, si on ne voulait pas l'exposer à une mort certaine[1]. On croyait voir les difficultés disparaître bientôt; mais il n'en fut rien. On continua de trouver pays malsains, défaut de routes, tribus de pillards et, pis que tout cela, prédominance d'un mahométisme ardent et ennemi de tout progrès et de tout bien des populations.

Le Saint Siège ne manqua pas d'envoyer des missionnaires dans ces pays nouveaux. Ils font intrépidement les plus grands efforts, mais comme dans toutes les contrées où le fanatisme musulman règne sur les âmes, on ne peut dire quand l'héroïsme de l'apôtre enregistrera des triomphes.

Bientôt l'Association internationale reconnut que ce n'est point par la côte orientale que l'intérieur de l'Afrique est facilement abordable. A tous les autres obstacles venait se joindre l'absence de ces grands cours d'eau formant comme des artères qui permettent de porter facilement la vie à des distances considérables.

On ne renonça pas cependant à l'entreprise commencée; mais on se dit que le grand fleuve découvert par Caméron et Stanley était une voie toute trouvée vers la région des Grands Lacs. C'était renverser les premières données et

---

[1] *Les Missions catholiques*, t. XIII. p. 141.

reprendre le problème de cet intérieur de l'Afrique par son point de départ naturel : le Congo et la Côte occidentale.

L'Europe en Afrique.

Il y eut bientôt un remuement général des États de l'Europe qui se croyaient intéressés dans la question de colonisation et de commerce de l'Afrique. La Conférence de Berlin fut réunie pour régulariser les prétentions qui s'élevaient de tout côté et assigner à chaque compétiteur sa part de ce gâteau vieux comme le monde, que personne ne semblait avoir aperçu jusqu'à ces jours, et dont tous sont devenus très friands, pour ainsi dire, du jour au lendemain.

Le Congo a été constitué en État libre et indépendant. La France et le Portugal ont réglé leurs droits respectifs sur les territoires qui avoisinent ce grand fleuve. Tout va, sans doute, prendre son calme développement dans ces régions, et peut-être y aura-t-il de ce côté plus d'une déception dans les espérances de prospérité dont on s'était bercé. Au moins les difficultés paraissent-elles s'annoncer plus grandes qu'on ne s'était imaginé d'abord.

Coup d'œil sur le pays du golfe de Guinée au centre de l'Afrique.

Pendant que l'Association internationale travaillait à constituer l'État libre du Congo, plus au nord, dans le golfe de Guinée, il se faisait des entreprises, moins bruyantes sans doute, mais d'une importance, je crois, plus grande et d'une réussite plus certaine. La France, l'Angleterre, l'Allemagne, le Portugal agissaient dans cette partie de la côte qui s'étend du cap des Palmes jusqu'au fond du golfe de Biafra. Cette côte présente un développement de près de 2,000 kilomètres, et, par son système fluvial, donne un accès facile et peu coûteux jusqu'au cœur d'une admirable région. Je parle avec pleine connaissance de cause de ces pays où, depuis vingt-cinq ans, nous envoyons des missionnaires, et je dis, sans crainte de me tromper, qu'ils sont plus que toutes les autres contrées de l'Afrique, dignes de l'intérêt et de l'attention des catholiques d'Europe et des deux Amériques. Le Congrès me pardonnera, j'en suis sûr, de développer devant lui les ressources et les qualités des peuples que j'ai appris à connaître, de dire aussi les dangers qu'ils courent et de quelle immense pitié je les trouve dignes de votre part.

Les populations de la Guinée supérieure sont beaucoup plus denses que nous ne l'imaginons. Une partie de ces pays est encore inexplorée; mais partout où l'on a pénétré, on trouve une population nombreuse. Un caractère distinctif de cette partie de l'Afrique sauvage, ce sont les immenses agglomérations qu'on y rencontre presque à chaque pas. Appelez-les des villes, si vous le voulez; mais à la condition que ce nom ne signifiera ni les rues alignées, ni les pavés, ni les trottoirs, ni les maisons à étages multiples, ni les monuments, ni les octrois, rien, en un mot, de ce qui concourt à faire la ville européenne. Chacun bâtit sa case avec de la terre qu'il prend n'importe où, le plus souvent dans le chemin qui devient ainsi une fondrière; il la couvre avec l'herbe du pays et s'y blottit avec sa famille. Si un incendie dévore un quartier, ce qui est presque journalier, les murs restent debout et le lendemain une nouvelle toiture a rendu son abri à tout ce monde. Sur la route de Lagos au lac Tchad, Abéokouta, Ibadan, Ilorin, Iacouba comptent chacune de cent à cent cinquante mille habitants. Beaucoup d'autres : Elmina, Coumassie, Salaga, Atakpamé, Agbomé, Porto-Novo, Whyda, Lagos, Accra, Oyo, Ogbomoso, Sokoto, Kouka, Gando et bien d'autres renferment de vingt à quatre-vingt mille habitants. On rencontre à chaque pas des villages de trois mille, quatre mille et jusqu'à dix mille habitants. Si des statistiques existaient parmi ces peuples, nous serions stupéfaits du nombre des habitants cachés dans ces régions si longtemps appelées désertes et aujourd'hui encore bien mystérieuses.

Barbares sans doute sont ces peuples; mais ils ne sont pas sans une organisation sociale. Il y a de grands empires qui étendent au loin leur domination; il y a des royaumes moins importants; il y a des républiques et des tribus. Mais sous cette diversité de formes, on retrouve partout les principes sociaux. Les lois ne sont pas écrites, beaucoup même de ces peuples ne connaissent pas l'écriture, mais des usages traditionnels connus et suivis se retrouvent dans chaque royaume et même dans chaque ville et dans chaque village. Un chef assisté des hommes les plus influents qui lui forment une espèce de conseil; des assemblées publiques où les affaires importantes se traitent, où l'on juge aussi les crimes réputés graves; des officiers subalternes avec leur part d'autorité et leurs attributions déterminées, tel est en beaucoup d'endroits l'ordre établi. Le plus souvent aussi les indigènes sont de mœurs douces, hospitaliers envers les étrangers et surtout envers les blancs.

Dernièrement, dans un voyage d'exploration à travers le Yorouba, deux de nos missionnaires recevaient partout l'accueil le plus bienveillant. Dans chaque village, à leur arrivée, une hutte était immédiatement mise à leur disposition. Ainsi le veut l'usage. Le propriétaire de la hutte doit céder la place à la hâte; s'il tarde à s'exécuter, l'étranger entre et s'installe comme chez lui sans autre forme de procès.

Une visite au chef et un échange de cadeaux établissent tout de suite des relations amicales, et ce chef se chargera de fournir des porteurs pour les bagages jusqu'au prochain village.

Un jour, dans un hameau petit et misérable, ces porteurs tardaient à se présenter; le chef, sans doute, avait lui-même de la peine à les trouver. Les deux voyageurs alors partent seuls, en lui déclarant qu'ils laissent les bagages sous sa responsabilité. Ils s'étaient à peine éloignés que bagages et porteurs arrivent à la hâte sur leurs traces, le chef et tout son monde craignant que quelque chose ne fût volé ou égaré, ce qui aurait été une tache ineffaçable à la réputation du village.

Sur les bords des chemins les plus fréquentés, le voyageur rencontre de temps à autre, à l'ombre de quelque grand arbre ou sous un abri de feuilles de palmiers, un petit étalage composé de quelques épis de maïs, bananes, ignames et autres fruits ou légumes du pays. Dans cette boutique en plein air, il n'y a point de marchand ; mais certains signes de convention placés auprès de chaque objet en indiquent le prix. A côté, se trouvent aussi deux petits morceaux de bois placés en croix l'un au-dessus de l'autre : c'est le fétiche chargé de surveiller la marchandise. Le voyageur, en passant, prend ce qui est à sa convenance et dépose scrupuleusement à la place le nombre de cauris indiqué. Le marchand qui avait installé sa marchandise le matin, s'en est allé à ses affaires ; il reviendra le soir recueillir les objets laissés et son bénéfice. Le vol à l'étalage rendu si facile ne trouverait-il pas beaucoup d'amateurs dans des pays plus civilisés ?

Cela pourtant ne veut pas dire que le nègre n'est pas voleur, tant s'en faut : mais il respecte un usage national, et surtout le fétiche lui inspire une crainte religieuse.

Ce développement de la population et ces coutumes si différentes de celles des côtes orientales de l'Afrique et des régions qui avoisinent le Sénégal, remontent jusqu'au grand désert. Même les grands empires du Soudan, le Gando, le Sokoto, le Bornou, le Nupé ont gardé, en devenant musulmans, une partie de ces usages hospitaliers envers les étrangers. Le roi de Bida a reçu plusieurs fois nos missionnaires ; il les a fait conduire en sécurité jusqu'à Ilorin. Le P. Holley raconte ainsi sa réception par le roi de cette dernière ville : « Le roi, avec un bienveillant sourire, nous souhaita la bienvenue en langue Yoruba. Nous répondîmes dans la même langue, ce qui parut produire un bon effet ; car sa Majesté voulut désormais nous parler sans interprète ; elle nous traita avec la plus grande affabilité et le plus extrême abandon. Il connut, dit-il, à nos habits, que nous étions Aguda *(catholiques)* et nous assura que c'était la première fois que des Alufa Aguda *(prêtres catholiques)* venaient le saluer, qu'il en était très fier et que nous ferions bien de nous établir chez lui ».

Ressources de ces contrées.

Je n'ai point à m'étendre sur la richesse de ces contrées. Elles offrent en abondance tout ce qui sert de nourriture aux indigènes, et ne sont pas sans avoir de nombreux articles à échanger avec les nations civilisées. Le commerce devient chaque jour plus actif, et les produits spontanés du sol en fournissent encore seuls la matière. Les richesses de toutes sortes de cette contrée ne seront vraiment connues que du jour où cette première source aura perdu sa surabondance. Alors on s'ingéniera pour découvrir les secrets du sol et des forêts et pour trouver des produits nouveaux. Mais d'ici là bien des jours s'écouleront encore; car aujourd'hui le commerce ne se fait que sur la côte et sur quelques rives de fleuves. Les populations de l'intérieur n'entrent pas dans ce contingent, et tout ce que la nature leur donne, au delà de ce qu'elles peuvent consommer, est perdu pour nous; car le noir n'emmagasine pas. Et pourquoi le ferait-il ?

La vraie route vers l'intérieur.

La route de l'intérieur est facile par les cours d'eau, rivières ou fleuves, dont plusieurs ne sont encore connus que par leur embouchure; mais la masse de leurs eaux indique qu'ils viennent de bien loin dans l'intérieur.

Il y a quelques années à peine qu'on a remonté le Volta jusqu'à Salaga seulement, on ne connaît pas son cours supérieur, ni le système de ses affluents. L'Ocpara n'a jamais été remonté et cependant c'est un fleuve navigable; mais le Dahomé en interdit l'entrée aux blancs. Personne ne parle de l'Ogoun qui amène pourtant à Lagos un volume d'eau fort important.

Le roi des fleuves de ces contrées, c'est le Niger qui donne entrée dans les grands et riches états situés entre le Sénégal et le lac Tchad. Ses nombreux affluents arrosent et enrichissent le Soudan tout entier et permettent de pénétrer partout, et quand ce fleuve sera relié au Sénégal par le chemin de fer commencé, Anglais et Français se trouveront face à face devant Tombouctou, près du grand désert. Il y a dix ans, le Niger n'avait été remonté que par quelques rares explorateurs. Sur la plus grande partie de son cours, c'était le pays de l'inconnu. Depuis lors, quatre Compagnies anglaises et deux Compagnies françaises ont couvert ses rives de leurs comptoirs. Puis les quatre Compagnies anglaises se sont fondues en une seule la *National and African Company*. Cette Compagnie vient d'acheter tous les établissements français, et maintenant elle a une flottille de vingt-sept vapeurs qui remontent et descendent sans cesse le fleuve pour le service des comptoirs et les besoins d'un commerce qui se chiffre par millions.

Depuis que les ressources et les facilités commerciales des pays de la Guinée et du Niger ont été mieux connues, nous voyons l'Angleterre, la France et l'Allemagne mettre le plus grand empressement à leur offrir les bienfaits d'une protection qu'on ne peut qualifier de complètement désintéressée. Sur tous les points de la côte flotte quelque pavillon européen. Le Dahomé qui seul était resté en dehors de ce mouvement vient de se placer sous le protectorat du Portugal.

Et ces protectorats ne se bornent pas seulement aux pays de la côte. Nous trouvons l'Angleterre établie déjà à Bida, à cinq cents kilomètres à l'intérieur, et sur la Benoué jusqu'à l'Adamawa. Demain elle sera sur les bords du lac Tchad. L'Allemagne de son côté, s'étant assuré une base d'opérations aux Caméroons et sur divers autres points du golfe de Guinée, met tout en œuvre pour ne pas se laisser devancer dans les parties de l'intérieur qui sont le plus à sa convenance.

Des explorateurs chargés par ces deux gouvernements de missions diplomatiques parcourent ces pays dans tous les sens, ils offrent en même temps traités à signer et riches présents aux chefs indigènes tout surpris de se voir tout à coup l'objet de tant de prévenances et de sympathies.

Le temps n'est donc pas loin où tout l'immense bassin du bas et moyen Niger et de la Bénoué verra ses petits rois et ses chefs sauvages assistés d'un protectorat européen. Sans doute, au début, ce protectorat est plus ou moins effectif ; mais de nombreux exemples ont montré la marche que les événements prendront bientôt. D'abord des difficultés et des conflits ne tardent pas à se produire ; on sent le besoin d'assurer un ordre de choses stable, d'offrir au commerce et à l'industrie la sécurité que réclame leur développement ; les canonnières font leur apparition sur la scène, puis vient un petit corps d'occupation ; le chef indigène passe de plus en plus au second plan, reçoit une pension et n'aura pas de successeur.

L'Angleterre arrivée la première dans ces parages a déjà su établir une influence vraiment civilisatrice sur une grande partie de ces pays. La France relève ses possessions de Grand Bassam et d'Assinie ; elle a établi son protectorat sur une partie des républiques Mina par Agoué, les Popos, les Ouadgis et sur Porto-Novo d'où elle pourrait étendre bien loin son influence salutaire. L'Allemagne veut partager avec la France le protectorat des Républiques Mina, en prenant Lomé pour point de départ ; et par les Cameroons elle s'est ouvert la voie à travers des pays inconnus qu'elle compte exploiter avec profit.

Autrefois et aujourd'hui.

Le catholique doit se préoccuper de toutes ces questions ; elles sont dignes de son plus grand intérêt ; et il y a urgence à le faire. Il y va de l'honneur du catholicisme.

Au temps des grandes découvertes espagnoles et portugaises, le but que se proposaient les explorateurs et les gouvernements était non seulement la science et le commerce, mais surtout la diffusion de la religion chrétienne. Mille monuments historiques témoignent de cet esprit de foi chez les plus hardis aventuriers. Il y avait alors des gouvernements catholiques ; ces flottes qui ont fait les grandes découvertes géographiques de cette époque plantaient partout la croix ; les noms mêmes qu'on donnait aux pays découverts manifestent la préoccupation constante de gagner avant tout des âmes à Jésus-Christ.

Nous ne faisons pas cette remarque pour amoindrir en aucune façon le mérite réel des explorateurs contemporains, mais il faut bien constater que les circonstances sont complétement changées ; et nous catholiques n'avons plus à compter que sur l'initiative et le dévouement individuels pour trouver les ressources nécessaires afin que l'œuvre de l'évangélisation accompagne, comme autrefois, les grandes découvertes géographiques.

L'état stationnaire des œuvres qui ont pour but la Propagation de la Foi, mis en présence de cette marche rapide des découvertes modernes, nous montre qu'évidemment les besoins que crée cette situation nouvelle, n'ont pas encore été généralement appréciés du public catholique. L'attention des catholiques militants, au milieu des difficultés de l'heure actuelle, a été attirée sur d'autres besoins qui plus près d'eux réclament leur dévoument.

Il faut le dire pourtant, quand tout marche, nous ne pouvons rester stationnaires sans faillir à la tâche que nous imposent des événements manifestement providentiels.

Bientôt, au train dont vont les choses, tous ces pays seront musulmans ou protestants, si nous n'avisons pas à leur donner la foi catholique. S'ils deviennent musulmans, ils seront fermés, ou à peu près, à l'action catholique. Tout le monde sait que l'être le plus difficile à convertir est bien le musulman.

S'ils deviennent protestants, ce sera pour le moins un fort long retard. L'Angleterre avait été longtemps l'île des Saints, et elle commence à peine, après trois siècles, à se réveiller à la vérité : l'Allemagne protestante n'y pense pas encore.

La marche de l'Islam en Afrique.

Depuis longtemps nous nous sommes habitués à voir le mahométisme de l'Europe et de l'Asie stationnaire et même subissant l'influence, jusqu'à un certain degré, de la civilisation chrétienne; les choses ne se passent pas ainsi au cœur de l'Afrique. Là, il est conquérant, comme au temps de Mahomet; mais il ne s'avance pas en masses armées. Il envoie ses missionnaires qui gagnent de proche en proche. Les premiers sont partis de l'est de l'Afrique ou des monastères arabes des bords septentrionaux du grand désert. Ils s'établirent parmi les païens et formèrent çà et là des écoles. Ils avaient un air de bonhomie qui inspira la confiance. Des fils de chefs, instruits par eux, les favorisèrent et plus tard se déclarèrent mahométans.

Chaque année, de nombreux marabouts appelés Alufas sortent ainsi des écoles de Tombouctou, Sokoto, Haoussa, Bornou et se répandent dans les pays encore païens. Ils savent lire un peu d'arabe et l'écrivent sans le comprendre. Ils sont ignorants, fanatiques et hypocrites. Les uns habillés de blanc, un chapelet musulman à la main, vont confectionnant des charmes avec des feuilles couvertes de lettres arabes qu'ils mettent dans de petits sachets de cuir et qu'ils vendent aux nègres. A les entendre ce talisman préserve de tous les maux, guérit toutes les maladies, conjure tous les dangers. Le noir se les met au cou et les honore dans sa maison.

D'autres s'en vont également de ville en ville, de village en village, faisant le commerce, et exerçant la médecine ou le métier de barbier et toujours fervents observateurs de la loi du prophète.

D'autres encore, et de plus fins, s'établissent auprès des rois et des chefs comme médecins et faiseurs de charmes. Ils forment une école dans le palais. Quand ils ont acquis de l'influence et gagné des adeptes, ils bâtissent une mosquée qui sert de lieu de prière et d'école, et ainsi leur influence s'étend de proche en proche. Quand ils se sentent assez forts, ils ne gardent plus de mesure, ils imposent la loi de Mahomet et tout ce qui ne veut pas l'embrasser est impitoyablement tué ou vendu comme esclave.

L'histoire d'Isharé résume la lutte à mort du Coran et du paganisme. Le fait s'est passé, il y a trois ans. Isharé était une ville de plus de 50.000 habitants. Située entre le royaume de Tapa et le Yoruba proprement dit, elle avait vu une partie de sa population passer au mahométisme, tandis que la partie la plus nombreuse et la plus intelligente était restée païenne. Une rivalité perpétuelle existait entre la ville païenne et la ville mulsumane. Cette dernière n'ayant pour elle ni le droit ni la force, appela à son secours Lafiagi et Sanscufun peuplées entièrement de mahométans. Ces derniers ne se firent pas prier et s'avancèrent sur Isharé. Avertis à temps, les païens prirent tous la fuite, abandonnant leurs maisons à un ennemi fanatique.

Les mahométans promenèrent l'incendie dans tout le quartier païen et ne laissèrent que des murailles noircies et tombant en ruines. Malgré tout, la population païenne est immense et bien décidée à maintenir ses droits. Les fugitifs sont revenus et travaillent avec ardeur à relever de ses cendres une ville où ils prétendent opposer une barrière aux envahissements de leurs ennemis. Mais en dépit de leurs efforts, les païens seront vite dévorés par le colosse mahométan. Ceux qui résisteront seront massacrés ou réduits en esclavage. On les vendra sur les marchés du Soudan pour être de là dirigés vers les pays du littoral où l'esclavage est encore en vigueur. Des explorateurs ont dit les souffrances de ces longues files d'hommes que les négriers arabes poussent vers les lieux où ils trouvent l'écoulement de cette marchandise humaine. Malheur au malade ou au fatigué ! S'il ne peut suivre la caravane, il est assommé sur place. De la nourriture ! ils en ont à peine pour soutenir leurs forces. Et ils vont ainsi pendant des semaines, pendant des mois, avant d'atteindre le lieu où ils sont définitivement achetés.

La portion de la population qui s'est rangée à la loi du

Coran pour rester dans ses foyers, n'entend souvent que
la partie violente du nouveau dogme qu'elle a embrassé.
Ces convertis d'hier n'aspirent qu'à faire des conquêtes à
leur nouvelle foi ; ils se ruent sur les populations idolâtres,
leurs frères de la veille, avec une ardeur de prosélytisme
qui ne connaît point de ménagement. La marche de l'Islam
atteindra vite son but. Avant que l'Europe y ait songé, tout
le centre de l'Afrique sera mahométan et comptera de vastes
et puissants empires musulmans. Cette organisation d'en-
semble, il en coûtera beaucoup pour la dissoudre et faire
pénétrer au milieu d'eux la vraie civilisation.

Aujourd'hui ce serait chose facile encore de soustraire
une partie de ces peuples à ce joug avilissant. En effet, à travers ces royaumes musulmans du Soudan, une notable partie des habitants est encore demeurée païenne. Au sud du
Niger et de la Benoué, la masse des populations s'est montrée
plus rebelle à l'infiltration du Coran, et presque nulle part
encore les chefs et les rois ne se sont rangés sous ses lois ;
plusieurs même ont demandé à nos missionnaires de s'établir
chez eux pour les aider à résister à cette invasion qu'ils re-
doutent. N'y a-t-il point dans ces dispositions un signe de
la Providence et un appel à toutes les bonnes volontés ; et
resterons-nous insensibles aux cris de secours poussés par
des frères qui voudraient n'être pas dévorés ?

Dangers pour l'Europe.

Et puis, qui sait si l'accroissement de puissance de l'Islam
ne finira pas par nous menacer nous-mêmes de redoutables
invasions ? Nous nous sommes endormis dans une sécurité
plusieurs fois séculaire, après les terribles conquêtes des
anciens califes jusqu'au cœur de l'Europe, mais nous
pourrions bien être surpris quelque jour, bientôt peut-être,
par le retentissement de nouvelles luttes engagées, au nom
du coran, contre la civilisation chrétienne. Déjà des bruits
sourds semblent annoncer qu'un nouveau madhi, plus fer-
vent adepte de l'Islam que celui de l'année dernière, re-

monte le Nil, pour rappeler l'Égypte à la pureté de la foi musulmane et au prosélytisme sans trêve qu'elle impose à tout vrai croyant. L'Égypte est bien près de nous et qu'adviendrait-il, si quelque chef ardent, appuyé sur ces cent millions de Soudaniens devenus complètement musulmans, et ils le seront bientôt si nous n'y prenons garde, lançait sur tout le nord de l'Afrique ses hordes fanatisées ? Il ne serait séparé de l'Europe que par la Méditerranée. Ne vaut-il pas mieux, pendant que tout n'est pas encore perdu dans ce Soudan, tâcher d'y répandre la foi catholique qui peut seule opposer une digue capable de contenir les flots menaçants de l'Islam ? N'est-il pas pressant d'évangéliser ces peuples de la Guinée supérieure qui résistent à l'invasion musulmane et qui ne demandent que de vrais apôtres, pour venir à eux et embrasser la foi ?

L'Église, du golfe de Guinée au centre de l'Afrique Son présent et son avenir.

Il y a là une population païenne d'une dizaine de millions d'habitants, généralement douce et hospitalière, disposée à considérer les Blancs comme ses amis et ses libérateurs. Portons-leur la foi : ils semblent prêts à la recevoir et leur pays est la vraie route vers l'intérieur de l'Afrique.

Il y a des difficultés, je le sais. Depuis vingt-cinq ans que notre séminaire y envoie des missionnaires, j'ai vu les ravages du climat sur les santés ; mais j'ose le dire, le plus difficile est fait ; l'expérience acquise nous permet de lutter, avec un succès relatif, contre la malignité de ce climat qui martyrise en distillant le sang par une exsudation lente ; puis, la route de l'intérieur est grande ouverte ; là, les fièvres sont plus rares et moins malignes. Ce que nous avons pu faire, durant cette période de premier essai et de lutte pour la vie même, nous est une garantie des succès qui attendent notre foi, quand un personnel nombreux et des ressources proportionnées au besoin seront employés au pacifique assaut de ces populations que je ne crains pas d'appeler bonnes.

Lagos, notre plus importante station aujourd'hui offre un spectacle très consolant : il y a l'entrain d'une grande et bonne paroisse de nos villes. Notre église qui peut contenir 2.000 personnes est souvent trop petite. Nos écoles ont près de 500 élèves, et, si nous pouvions en ouvrir dans les différents quartiers, elles en auraient certainement plus de 1.000 ; et tous nos élèves deviennent catholiques. Le mariage chrétien est en honneur, même auprès des vieux païens. En un mot, un gouverneur anglais a pu dire que, au train dont marchent les choses, l'avenir est aux catholiques.

A Porto Novo, le roi païen a voulu déroger à tous les usages pour assister à la bénédiction de l'Église et donner ainsi une marque de son estime envers les missionnaires. Les écoles sont aussi fréquentées et produisent le même résultat qu'à Lagos, si bien que le supérieur de cette station m'écrivait, il y a deux mois, que si les Français qui ont établi leur protectorat à Porto Novo, rendaient l'école obligatoire, dans moins de vingt ans toute la population serait entièrement catholique.

A Elmina, l'impulsion est donnée ; il y a près de 300 élèves aux écoles, et non seulement tous ces élèves deviennent catholiques, mais bon nombre d'adultes se font instruire de nos dogmes. Aux dernières fêtes de Pâques et de la Pentecôte, quarante adultes et quelques-uns des plus marquants de la ville, recevaient solennellement le baptême et la confirmation.

Partout nous trouvons bon accueil et bienveillantes dispositions. Il n'y a peut-être pas un seul endroit dans ces immenses pays où l'on ne nous reçût favorablement. Le roi de Dahomé lui-même avait donné ordre au gouverneur de Whyda de ne rien négliger pour nous faire revenir en cette ville. Nous y sommes depuis un an, nous avons 200 élèves. Si nous voulions nous établir dans sa capitale, le roi nous en laisse toute liberté.

Que ne pouvons nous aller partout où l'on nous appelle ! Le roi du Yoruba avait préparé, l'année dernière, un terrain pour les missionnaires ; il l'avait clos de murs. Il députa successivement au supérieur quatre ambassades pour le presser de lui envoyer des missionnaires ; c'est en ce moment seulement que les deux premiers arrivent dans sa capitale. Une fois établis à Oyo, vous pourrez, dit-il, aller dans tout mon royaume, et il y a des villes de 100.000 âmes.

Un gros village de 15.000 habitants, Anamaboe, fait instances sur instances pour obtenir au moins une école.

Accra nous appelle ; les Popos nous réclament ; Adangbé aura bientôt deux missionnaires ; Coumassie nous attend ; il faudra bien songer au Grand Bassam et à Assinie, et à tant d'autres endroits où se fait sentir l'urgence d'établir des missionnaires : pour mieux dire, il y aurait urgence partout. Mais il faudrait des missionnaires en grand nombre. Il faudrait des ressources matérielles.

Un excellent moyen de doubler, de tripler même les résultats serait de créer des écoles autour de nous. Pour tenir ces écoles nous avons des maîtres tout préparés, les anciens élèves de la mission. Nous avons fait quelques essais qui réussissent très-bien. Un missionnaire de la résidence voisine les visite fréquemment et complète l'instruction religieuse. Mais ces écoles, il faut les établir ; ce maître d'école, il faut le payer de quelque façon. Plus tard, sans doute, on trouvera quelques ressources sur place ; mais dans les commencements à qui demander ?

Luther en Afrique.

Tenez, Messieurs, j'ai le cœur qui déborde et qui se trouble. A côté de nous, il y a d'autres missionnaires en grand nombre et qui ne manquent de rien. Vous avez compris que je parle ici des missions protestantes. Longtemps elles ont été les seules missions dans ces pays. Les premiers missionnaires protestants y sont allés au commencement de ce siècle ; mais avant l'arrivée des enfants de Mgr de Marion Brésillac au Dahomé en 1861, il n'y avait pas un seul missionnaire catholique sur cette côte de la Guinée supérieure. Dieu sait ce que nous ont coûté les premières années; et, si l'œuvre s'est continuée, c'est bien parce que Dieu la voulait et il le prouve encore par la bénédiction qu'il répand sur nos travaux. En 1880, le Saint-Siège nous confia, sous le nom de préfecture apostolique de la Côte-d'Or, toute la partie qui s'étend depuis le cap des Palmes jusqu'au fleuve Volta. Nous y avons créé la station d'Elmina, mais nous n'avons pu encore y construire une maison saine ni une petite chapelle pour faire les offices divins ; nous disons la messe sous la veranda d'une maison en location. En arrivant, nous avons trouvé un catholique, aujourd'hui nous en avons près de mille. Beaucoup de païens viennent voir nos cérémonies et entendre les sermons. A côté de nous, les protestants sont splendidement installés. Serait-ce trop d'avoir un modeste oratoire ? Mais comment le bâtir quand nous n'avons pas le sou?

Nous avons commencé une station à Axim, mais il a fallu l'interrompre et l'abandonner jusqu'à de meilleurs jours, parce que nous n'avons pas de quoi la soutenir. Tout était préparé pour aller à la capitale des Achantis, mais il faut attendre que nous puissions faire les frais nécessaires, et ainsi en maint endroit.

Le Dahomé a été détaché du vicariat apostolique du Bénin pour former une préfecture apostolique. C'était, en effet, un trop vaste champ pour une seule mission. Nous nous trouvons là en face de la même pénurie qu'à la Côte-d'Or. Toujours nous sommes arrêtés par le manque de ressources, soit pour créer de nouvelles résidences, soit pour donner le nécessaire à celles qui existent et les développer; si bien qu'un Anglais, en parlant de nos missions de ces côtes, s'exprime ainsi : « A Lagos, comme à Cape Coast et ailleurs, les plus belles maisons appartiennent aux ministres protestants et à leurs femmes; ils vivent dans une opulence qu'ils n'auraient jamais pu espérer d'obtenir en Europe. Au contraire, la pauvreté des missions catholiques m'a toujours fait peine à voir ; j'ai bien souvent pensé et je pense encore

que, si la propagande catholique comprenait l'importance et
la position avantageuse des missions catholiques de la côte
occidentale d'Afrique, elle les entretiendrait mieux et aug-
menterait leur nombre. De grandes dépenses ont été faites
pour des missions qui donnaient comparativement peu ou
point d'espérances ; tandis que les missions de la côte occidentale d'Afrique ont été laissées sans ressources et le sont
encore. »

La préfecture apostolique du Niger a vu arriver, il y a un
an, ses trois premiers missionnaires. Trois autres sont allés
les rejoindre. Qu'est-ce que six hommes pour tant de millions d'habitants? Et je vois que les faibles ressources dont ils
disposent ne leur permettent pas d'aller bien loin.

A l'Œuvre !

J'admire plus que personne le zèle et le dévouement avec
lesquels les élèves des séminaires répondent à l'appel de Dieu
pour les missions ; mais cette correspondance si fidèle à la
grâce fournit-elle le contingent nécessaire pour l'évangélisation de ces immenses pays ? Jugez-en par le nombre si
restreint de missionnaires que nous pouvons envoyer en face
de centaines et de milliers de postes qu'il faudrait occuper.

Je bénis Dieu tous les jours du succès qu'il donne à l'Œuvre de la Propagation de la Foi ; mais cette Œuvre est-elle
connue et appréciée, comme elle devrait? Elle produit un
chiffre très respectable qui donne à toutes les missions catholiques du monde l'obole qui, au moins, les empêche de
mourir. Elle voit les besoins, elle voudrait y répondre ;
mais avec ses sept millions de recettes, comment pourvoir à
tant de nécessités? Est-ce qu'il n'y a pas un peu de notre
faute dans cette exiguité de recettes? Beaucoup d'excellents
catholiques, de ceux même qui admirent les missions et les
missionnaires, ne songent même pas à donner leur obole
à cette Œuvre ! Autour de nous, ne serait-il pas facile d'aug-
menter le nombre de ceux qui donnent le sou hebdomadaire,

demandé pour la Propagation de la Foi? On n'y pense pas, car un sou ne se refuse guère.

Eh bien, allons à l'école des sociétés protestantes pour la propagation de leur foi. En face des sept millions de francs donnés par les catholiques, elles donnent, ces sociétés protestantes, cent trente millions de francs, c'est-à-dire près de vingt fois plus que les catholiques pour propager la leur.

Comment les protestants arrivent-ils à de tels résultats? Par le zèle que tout le monde y apporte et l'intérêt avec lequel ils suivent les travaux de leurs missionnaires. L'Angleterre seule a 48 revues ou journaux uniquement consacrés à parler de leurs missions, et toutes ces publications sont lues et relues; le résultat pratique est que l'Angleterre donne annuellement 2.000.000 liv. (50.000.000 de fr.) pour les missions protestantes. Voilà un exemple à suivre. Nous avons les *Annales de la Propagation de la Foi* et les *Missions Catholiques* [1]; l'intérêt qu'offrent ces deux recueils est vivant au possible, mais qu'on les lit peu! Lisons nous-mêmes, faisons lire partout ce récit au jour le jour des travaux, des souffrances, des succès, des persécutions, de la mort de nos missionnaires! Je ne demande que cette lecture assidue, pour voir les recettes de la *Propagation de la Foi* cesser d'être si fort en dessous de la cause qu'elle soutient. O Dieu! les enfants de lumière auront-ils moins de zèle, pour propager la vraie foi, que nos frères égarés pour propager l'hérésie!

Je ne sais pas les sommes que reçoivent les différentes missions protestantes de la Guinée supérieure. Une seule mission, celle qui est dirigée par l'évêque noir Crowther, reçoit d'Angleterre 900.000 francs par an; que n'avons-nous seulement la dixième partie de cette somme pour notre vicariat apostolique et pour chacune de nos trois préfectures. Ajoutez que dans ces pays, presque tous les prêcheurs protestants y compris leur évêque, âpres au gain, font un commerce très lucratif.

Disons en passant que les sociétés de propagande anglaises

---

[1] On s'abonne aux *Missions Catholiques*, rue d'Auvergne 6, à Lyon.

ont donné comme présent au Rev. Crowther un steamer, le *Henry Venn*, pour lui faciliter la visite des différentes stations qui dépendent de lui. On avait aménagé ce steamer avec tout un confortable digne de cette grandeur soi-disant épiscopale. Mais le Révérend sut faire comprendre qu'un peu moins de confortable et un peu plus d'aménagement propre au commerce auraient mieux fait son affaire.

Voilà bien des ressources au service du prosélytisme protestant. Aussi ne nous étonnons pas que les protestants aient un si grand nombre de stations de missionnaires dans cette Guinée. D'après des documents dont la plupart remontent à plusieurs années, les protestants en ont au moins cent soixante et onze. Je pourrais vous les énumérer et dire à quelles sociétés elles appartiennent; mais je ne crois pas qu'il soit nécessaire de vous donner cette nomenclature; les chiffres seuls en disent assez. A côté des 171 stations protestantes que pouvons-nous placer? A peine dix stations fondées et deux en fondation. N'ai-je pas mille fois raison de répéter mon cri d'alarme : Si les catholiques n'y avisent pas au plus tôt, toute cette partie de l'Afrique ne tardera pas à devenir protestante ou musulmane, ou plutôt elle deviendra musulmane, car le protestantisme ne sera pas une digue aux flots envahissant de l'Islam; il n'a pas pour cela le principe vital qui serait nécessaire. Le roi Léopold voulait charger Gordon-Pacha de la direction supérieure de l'Association internationale Africaine. Cet homme qui connaissait ce qu'il faut à ces peuples, posa certaines conditions à son acceptation. Une de ces conditions était : « Donnez-moi des missionnaires, beaucoup de missionnaires ». — Des missionnaires protestants, lui fut-il répondu? — « Oui, répliqua Gordon avec feu, mais surtout des missionnaires catholiques, beaucoup de missionnaires catholiques ».

Opinion de l'Anglais sir James Marshall M. A.

EX-PRÉSIDENT DU TRIBUNAL DE LA CÔTE-D'OR (AFRIQUE OCCIDENTALE).

Il ne sera pas sans intérêt de connaître, sur le sujet que nous venons de traiter, l'opinion d'un homme à qui un long séjour à la côte de Guinée et les hautes fonctions qu'il y a remplies, donnent une incontestable autorité.

Sir James Marshall fut pendant dix ans président du tribunal à Lagos ou à la Côte-d'Or ; il est maintenant l'un des directeurs de la puissante compagnie du Niger : *The National and African company.* Voici ce qu'il écrit dans le *Tablet* du 5 décembre 1884 : « Un long séjour à la Côte-d'Or m'a donné la conviction que la meilleure entrée pour pénétrer au cœur de l'Afrique, c'est la Côte Occidentale, ne serait-ce qu'à cause des rivières qui, sur sa longue étendue, viennent se jeter dans l'Océan. Là, avec la protection du gouvernement britannique et grâce aux bonnes dispositions des indigènes envers les missionnaires, on trouve une base d'opérations plus sûre et meilleure que partout ailleurs en Afrique.

« Pour des raisons que je n'ai jamais pu comprendre, les missions de l'Afrique Occidentale ont toujours été maintenues dans d'étroites limites et leurs ressources sans cesse amoindries. Maintenant que les nations européennes se précipitent à l'assaut de l'Afrique, j'espère que la Propagande catholique, comme notre ministère des affaires étrangères, ouvrira les yeux à ce fait que l'Afrique Occidentale est le principal théâtre de cette invasion.

« Le moment est décisif pour l'Afrique Occidentale ; l'œuvre des missions est d'une importance urgente et doit être menée sur une vaste échelle. Si on n'agit pas ainsi, ces immenses populations n'auront en fait de christianisme que le protestantisme ; et ceux-là savent ce que cela veut dire qui ont été à Sierra Leone et autres endroits où le nègre protestant abonde. Les missions protestantes sont partout à l'œuvre, elles couvrent non seulement les côtes et les rives du Niger, mais on les trouve au loin dans l'intérieur ; et, quoi qu'on puisse penser de leurs résultats et de leurs effets sur les indigènes, il n'y a pas à nier leur développement ni leur zèle largement soutenu par les dons généreux des protestants européens.

« Sur le Niger, couvert d'établissements de commerce, on trouve presque partout auprès de ces établissements une mission protestante. Où sont les catholiques ? Nulle part.

« A mon arrivée en 1873, en pensant aux confortables écoles, chapelles et résidences que diverses sectes protestantes ont établies dans toutes les villes de la Côte, et en beaucoup de localités de l'intérieur, en pensant aussi au grand nombre d'enfants et autres personnes sur lesquelles ces missions étendent leur influence, je ne pus me défendre d'être surpris et indigné de la négligence et de l'abandon où l'Église catholique avait laissé ces pays.

« Je parle ici avec l'amère conviction de celui qui a vu que l'Église a gravement négligé de profiter des entrées que lui ouvrait le mouvement des forces séculières de la société. Et, connaissant comme je le connais, le merveilleux succès qu'une poignée de missionnaires français a pu obtenir dans l'abandon et le dénuement qui a toujours été leur partage, je n'hésite pas à dire que s'il y avait eu de ce côté un effort sérieux, la religion catholique aurait maintenant pris là-bas un immense développement.

« En 1873 à Lagos, il y eut trois personnes à faire leurs Pâques ; en 1883, il y a eu près de neuf cents communions pascales, et quatre cents enfants ont fréquenté les écoles.

« Partout où les missions catholiques ont été établies, elles ont eu un succès qui doit être regardé comme prodigieux si l'on tient compte de leur pauvreté et du petit nombre de missionnaires. »

LYON, IMP. PITRAT AÎNÉ, 4, RUE GENTIL.

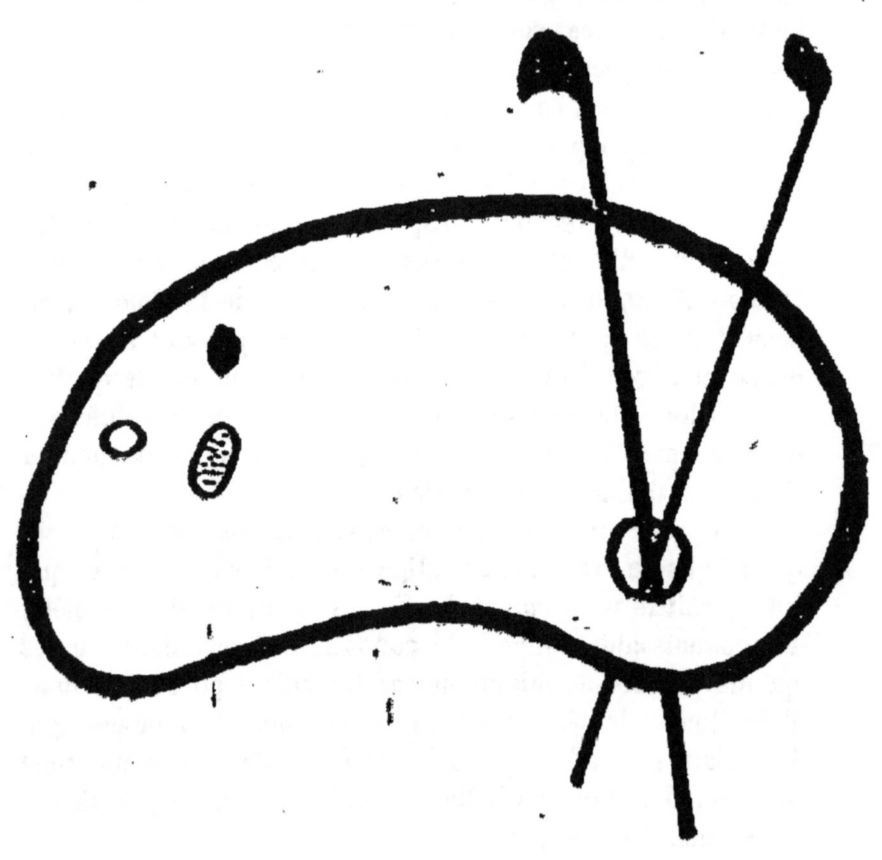

ORIGINAL EN COULEUR
NF Z 43-120-8